코코의 선물

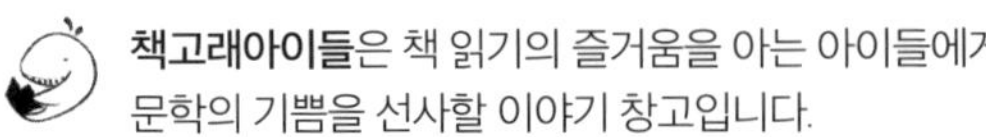
책고래아이들은 책 읽기의 즐거움을 아는 아이들에게
문학의 기쁨을 선사할 이야기 창고입니다.

책고래아이들

코코의 선물

2026년 1월 30일 초판 1쇄 발행
글 송경자 **그림** 이연경 **편집** 김인섭 **디자인** 김헌기
펴낸이 우현옥 **펴낸곳** 책고래 **등록 번호** 제2015-000156호
주소 서울특별시 서초구 강남대로12길 23-4, 301호(양재동, 동방빌딩)
대표전화 02-6083-9232(관리부) 02-6083-9234(편집부)
홈페이지 www.dreamingkite.com / www.bookgorae.com
전자우편 dk@dreamingkite.com **인스타그램** bookgorae_pub
ISBN 979-11-6502-241-9 73810

* 이 책의 출판권은 책고래에 있습니다.

* 책값은 뒤표지에 있습니다.

* 본 도서는 (재)전북특별자치도문화관광재단
‘2025년 문화예술육성지원사업’에 선정되어 보조금을 지원받아 발간하였습니다.

코코의 선물

글 송경자 그림 이연경

책고래

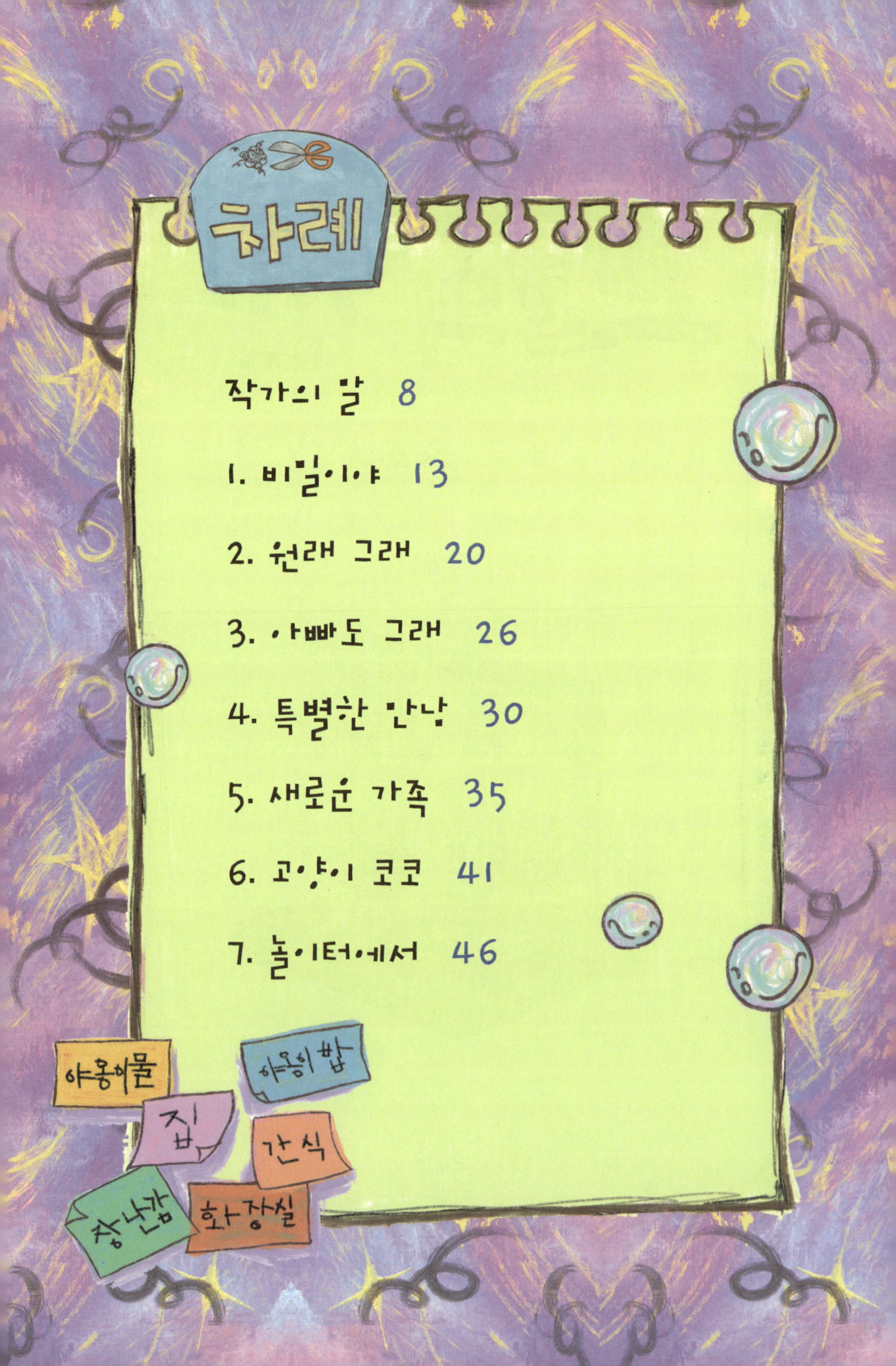

차례

작은 어려움 앞에 멈춰 선
아이에게 위로가 되기를

새로운 것을 알아가는 일은 신기하고 즐거운 경험이라고 믿었습니다. 아이의 눈이 반짝이는 순간, 세상은 늘 호기심으로 가득 차 있다고 생각했기 때문입니다. 그러나 그 호기심이 '공부'라는 이름을 갖는 순간, 아이의 얼굴에서 설렘이 사라지는 모습을 보았습니다. 이 이야기는 글자를 읽지 못한다는 이

유로 마음을 숨기고 있던 아이의 작은 '비밀'에서 시작되었습니다.

선우는 글자를 읽고 싶었지만, 방법을 알지 못했고, 물어보고 싶었지만 물어볼 수 있는 사람이 없었습니다. 친구들 모두 술술 글을 읽는데, 선우는 한 글자 한 글자 넘어갈 때마다 자꾸 멈췄습니다. 틀릴까 봐, 들킬까 봐, 선생님의 눈을 피한 채 고개를 숙였습니다.

선우에게 글자는 의미를 전하는 약속이 아니라, 개미처럼 기어다니는 해독 불가능한 암호였습니다. 받아쓰기 시간은 두려움이었고, 수업 시간은 혼자 남겨진 섬과도 같았습니다. 하지만 그 두려움과 외로움은 가족에게조차 쉽게 말할 수 없는 또 하나의 비밀이었습니다.

밤낮없이 교대 근무를 하는 아빠와는 자연스럽게 대화가 줄었고, 엄마의 부재 속에서 집은 늘 조용했습니다. 스마트폰과 게임에 빠진 형과도 마음을 나누고 놀 수 없었습니다. 서로를 사랑하지만 마음이 닿지 않는, 오늘날 많은 가정의 모습이 이 이야기 안에 있습니다.

아기 고양이 '코코'는 선우네 가족에게 작은 변화를 가져왔습니다. 코코를 입양하고 돌보는 과정에서 형제는 처음으로 같은 목표로 대화를 나누고, 마음을 나눕니다. 그리고 코코를 잃어버린 뒤 전단지를 함께 만드는 순간, 아빠는 일과 휴대폰을 내려놓고 아이들 옆에 앉아 귀 기울여 듣습니다. 그제야 선우는 처음으로 글자를 모른다는 비밀을 털어놓고 가족은 마침내 서로의 마음을 그대로 바라보게

됩니다.

코코는 선우에게 글자를 읽게 되는 계기를 주었지만, 더 깊이 보면 가족에게 함께 마음을 나누는 법을 선물했습니다.

이 이야기가 작은 어려움 앞에서 멈춰 선 친구에게는 위로가 되기를, 그리고 사랑하지만 방법을 몰라 서성이는 가족에게는 아이의 마음을 다시 바라보는 계기가 되기를 진심으로 바랍니다.

송경자

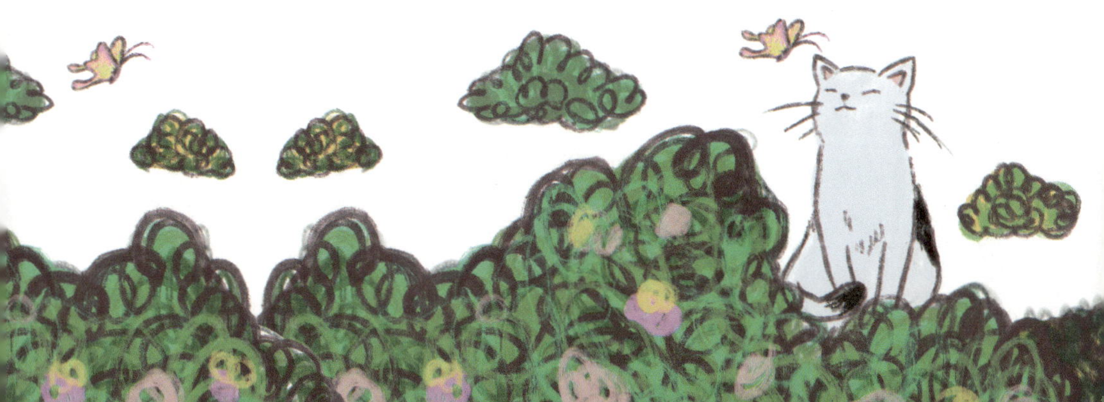

비밀이야

형은 2학년, 나는 1학년이다.

우리 가족은 형과 나, 아빠뿐이다. 엄마는 내가 일곱 살 때 돌아가셨다. 아빠는 밤에 일하러 나가서 다음 날 집에 온다. 형이랑 나는 알아서 학교에 가고, 엄마 대신 형이 잔소리를 한다.

"야, 강선우, 일어나. 빨리!"

"형아, 오늘도 늦었어?"

눈을 비비며 형에게 물었다. 형은 엉거주춤 서서 어

제 벗어 놓은 양말을 허둥지둥 신었다. 나도 서둘러
가방을 메고 실내화를 신었다. 운동화로 바꿔 신을
까 했지만, 귀찮다. 집을 나서자마자 학교까지 냅다
뛰었다. 등에 매달린 가방이 요란하게 들썩거렸다.

헐레벌떡 교실에 들어서자 수업 시작종이 울렸다. 국어 시간이다.

'후유.'

나도 모르게 한숨이 새어 나왔다. 사실 나에게는 비밀이 하나 있다. 바로 글자를 읽을 줄 모른다는 것이다. 그래서 수업 시간이 너무 지루하고 재미없다. 글자만 보면 머릿속이 하얘지고 어지럽다.

'글자들이 개미처럼 기어다녀.'

받아쓰기 급수표의 글자가 구불구불 미로 같았다.

개미들이 글자를 옮기다 흘리고 간 것처럼, 머릿속에서 글자들이 둥둥 떠다니더니 구름처럼 모였다 흩어지고 빗방울처럼 뚝뚝 떨어진다.

"초등학생."

선생님이 받아쓰기 단어를 불러 주었다. 나는 연필을 잡고 '초' 자를 쓰려고 했지만 도무지 기억이 나지 않았다. 공책만 뚫어져라 쳐다봤다. 책상에 얼굴을 대

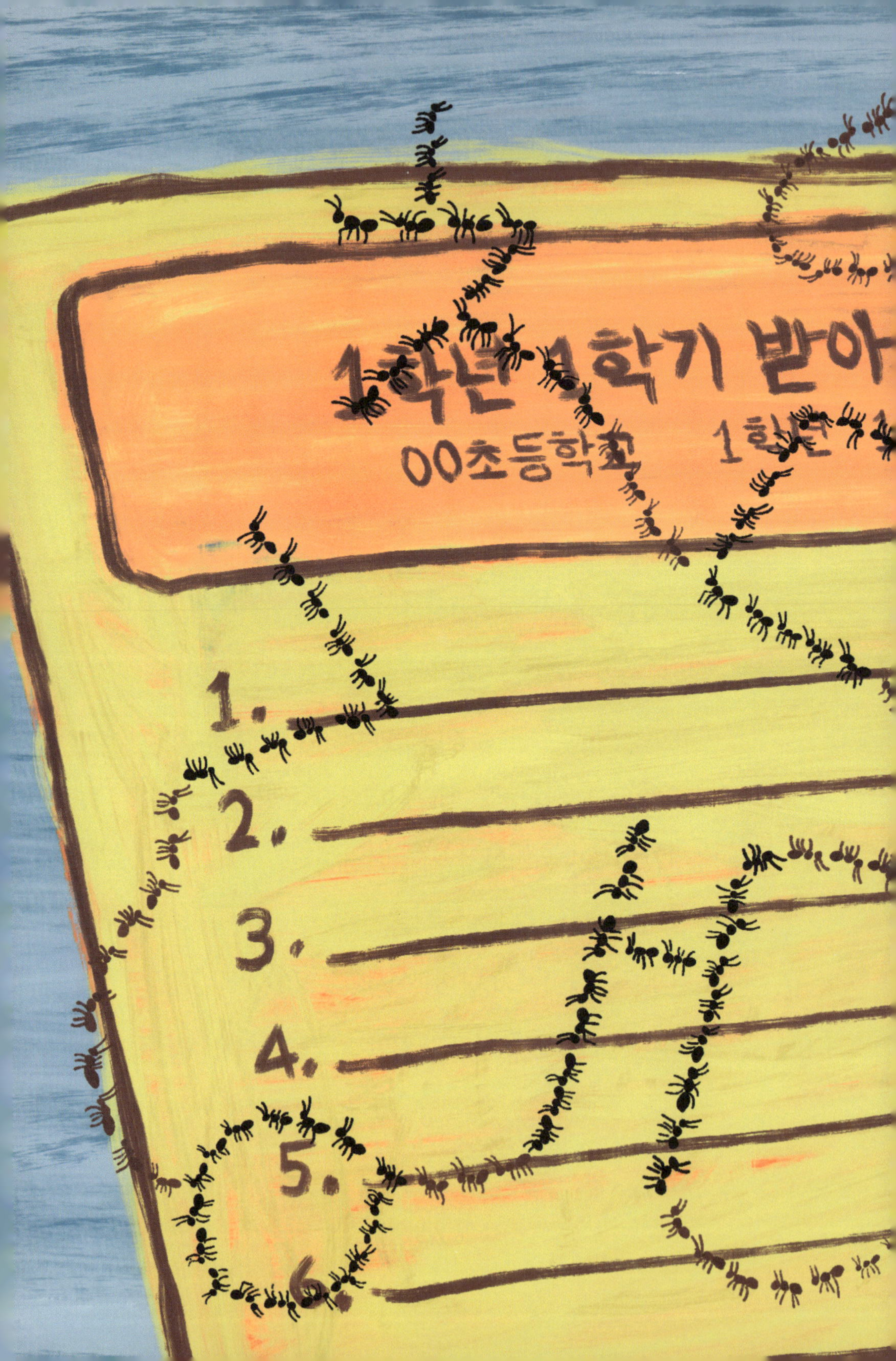

1학년 1학기 받아
○○초등학교   1학년
1.
2.
3.
4.
5.
6.

기금수표

고 뾰족한 연필심으로 공책을 콕콕 찍었다.

'초.등.학.생.'

나는 속으로 따라 읽으며 공책을 노려봤다. 콕콕 찍힌 점들이 마치 나에게 글씨나 빨리 쓰라고 재촉하는 것 같았다. 주위를 둘러보니 친구들은 선생님이 불러 주는 낱말을 공책에 또박또박 쓰고 있었다. 옆에 앉은 예진이의 공책에도 반듯반듯한 글씨가 적혀 있었다.

조용한 교실에 연필 소리만 사각사각 울렸다.

"와, 100점이다!"

예진이가 큰 소리로 말했다.

선생님이 채점한 공책을 나눠 주었다. 아이들은 자기 공책의 점수를 확인하며 웅성거렸다.

내 공책에는 빨간 빗줄기가 주르륵주르륵 내리고 있었다.

0점!

받아쓰기 시간이 제일 싫다. 글자를 읽을 수도,

쓸 수도 없으니까.

원래 그래

나는 선생님이 동화책을 읽어 줄 때가 참 좋다. 동화를 들으며 내가 주인공이 되는 상상을 한다. 책도 잘 읽고, 발표도 잘하며, 힘도 세고 멋진 주인공! 하지만 당장 글을 읽을 수 있을 것 같아 책을 펼치면 까만 글자들이 꿈틀꿈틀 벌레처럼 움직인다. 결국 나는 책을 덮어 버린다.

글자를 못 읽는 게 부끄러워서 학교에서도, 집에서도 자꾸만 고개를 숙였다.

또 국어 시간이다. 책 읽는 시간이 다가오자 가슴
이 두근두근했다.

"자, 누가 먼저 책을 읽어 볼까?"

"저요! 저요!"

선생님은 가장 먼저 손을 든 친구에게 책을 읽게
했다. 예진이가 또박또박 큰 소리로 책을 읽었다.
그다음은 내 차례가 될 것 같아 눈치를 보는데 선생
님과 눈이 마주쳤다.

“선우가 읽어 볼까?”

“…”

심장이 ‘쿵’ 하고 내려앉았다. 내가 우물쭈물 입도 못 떼자 선생님은 다른 친구의 이름을 불렀다.

수업 시간에 나는 늘 다른 세계에 있는 것 같다. 친구들은 수업 시간 내내 뭐가 그리 재미있는지 깔깔대며 웃는다. 웃음소리가 귓가에서 떠나지 않았다. 나는 책을 세워 놓고 멍하니 책 속 그림을 바라봤다.

연필을 들고 공책에 고양이를 그렸다. 고양이 등에 날개를 달아 주고 몸도 날렵하게 그렸다. 고양이가 하늘을 나는 것 같았다. 그림이 잘 그려져서 기분이 좋았다. 나도 모르게 입가에 배시시 웃음이 걸렸다. 고양이가 교실을 날아다니며 친구들 머리 위로 ‘슈웅 슈웅’ 날아다니는 상상을 했다.

아무리 기다려도 쉬는 시간 종이 울리지 않았다.

“선생님… 화장실… 갔다 와도 돼요? 저, 정말 급해요.”

나는 울상을 지으며 손을 번쩍 들었다.

“강선우! 이번이 마지막이다. 얼른 갔다 와.”

내가 화장실에 가려고 할 때마다 선생님은 마지막이라고 하며 허락해 준다.

“야! 쟤는 수업 시간에 왜 저러냐?”

“강선우는 원래 그런 애잖아.”

수군대는 소리가 뒤꼭지를 따라왔다.

‘원래, 그런 애….’

모두에게 나는 원래 그런 애였다.

아빠도 그래

"재우! 숙제 했지? 선우도?"

"네, 아빠."

아빠는 우리를 보면 맨날 똑같이 묻는다. 대답을 해도 듣는 둥 마는 둥 휴대폰만 보면서 말이다.

아빠는 바쁘다. 소파에서 잠이 들 때도 많다. 우리와 많은 시간을 보내지도 못한다. 형과 나를 챙겨야 하고 집안일도 혼자 해야 한다. 회사에 가서는 일도 해야 하는데, 교대 근무라서 저녁에도 나간다. 그러면

낮에는 집에서 잠을 자고 쉬어야 한다.

집에 있을 때 아빠는 숙제하라는 말만 하고 확인은 하지 않는다. 책을 읽으라고 하지만, 읽는지 안 읽는지 관심이 없는 것 같다.

형은 집에서 게임만 한다. 내가 받아쓰기 연습을 하려고 물어보면 바쁘다고 한다. 특히 어려운 글자를 물어보면 화를 낸다. 사실은 형도 글자를 잘 모

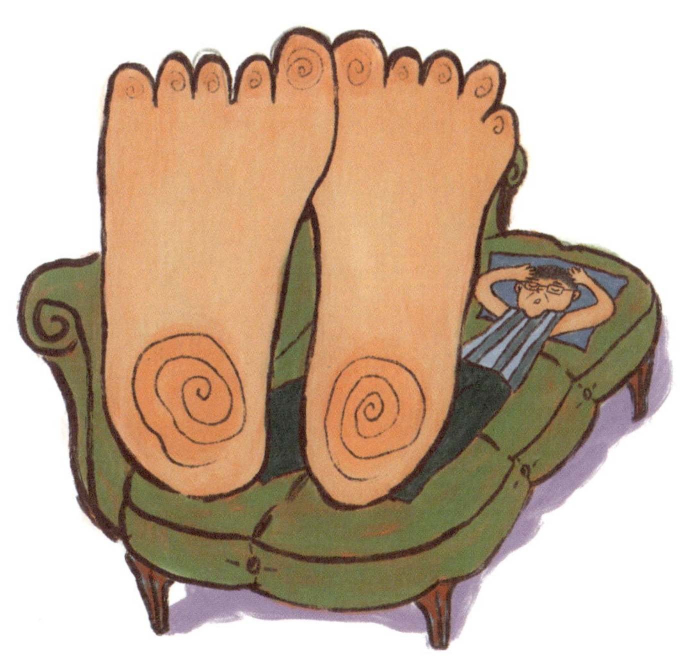

르기 때문이다. 나 혼자 한글 공부를 하려고 해도 어디서부터 어떻게 해야 할지 모르겠다.

글자를 몰라서 답답할 때가 많다. 글자를 몰라서 큰 문제가 생긴 적도 있었다.

집에 형과 둘만 있을 때였다. 텔레비전이 갑자기 안 나오고 컴퓨터도 안 됐다.

"형아, 텔레비전이 안 돼."

"나도 몰라."

“인터넷도 안 되는데? 형아, 빨리! 빨리 아빠한테 물어봐!”

형이 할 수 없이 아빠에게 전화했다.

“재우야, 텔레비전을 켜면 글이 뜰 텐데, 천천히 읽어 봐.”

아빠가 시키는 대로 형이 화면에 뜬 글자를 더듬더듬 읽었다.

“셋톱박스에 인터넷 연결선이 빠져 있는지, 인터넷 연결선이 접속 불량인지 확인해 보라는 글이 뜰 거야, 맞지?”

“아빠, … 모르겠어요.”

“휴! 알았다. 만지지 말고 그대로 놔둬. 아빠가 퇴근해서 볼게.”

게임도 못 하고, 텔레비전도 안 나오니 심심하고 답답했다. 형은 잘 알지도 못하면서 여기저기 만지다가 결국 고장을 내고 말았다.

특별한 만남

일요일 아침, 형과 나는 아빠를 따라 미용실에 갔다.

'깎을래 볶을래'

글자를 못 읽는 나는 간판을 보면서 고개만 갸웃거렸다.

미용실 안은 손님이 없어 조용했다. 형이 먼저 이발을 시작했다. 나는 소파에 앉아 주변을 두리번거렸다. 햇볕이 잘 드는 창가에서 아기 고양이가 멍하니 밖을 바라보고 있었다.

깎을래
볶을래

“와, 고양이다!”

“봤니?”

“네. 아기 고양이 눈이 초롱초롱해요.”

“그래, 귀엽지? 공원에 산책 갔다가 풀숲에서 울음소리가 나서 봤더니 종이 상자 안에서 앙상하게 마른 아기 고양이가 울고 있지 뭐니. 엄마 고양이가 나타나지를 않아서, 우리 미용실로 데려왔지.”

미용실 아주머니는 할 이야기가 생겨서 신이 난 듯했다. 나는 신기해서 고양이를 계속 바라봤다.

엄마 고양이가 오지 않았다는 말이 가슴에 콕 박혔다. 고양이한

테서 눈을 떼지 못 하고 있을 때 문이 열리고 여자아이가 고양이를 안고 들어왔다.

"어! 예진아."

"야, 강선우!"

검은색과 흰색 털이 섞인 작고 귀여운 고양이가 예진이 품에 안겨 있었다. 학교에서 보던 예진이를 미용실에서 만나니 반가웠다.

"우리 엄마 미용실이야!"

"그렇구나!"

"같은 반이구나."

아주머니 목소리가 더 친절해졌다.

나는 고양이를 물끄러미 바라보았다. 작은 고양이는 귀를 쫑긋 세우고, 눈을 동그랗게 뜬 채 우리를 빤히 바라봤다. "그르렁 그르렁" 소리를 내고는 졸린 듯 눈을 감았다. 형도 고양이를 뚫어져라 쳐다 봤다.

“선우야! 고양이 귀엽지?”

“응, 신기하다. 만져 봐도 돼?”

“와아! 보드랍고 따뜻해.”

아기 고양이의 부드러운 등을 쓰다듬자 마음이 편안해지는 것 같았다. 예진이는 학교에서 보던 것과는 다르게 친절하고 말도 예쁘게 했다. 옆에 있던 형이 슬그머니 손가락으로 고양이 머리털을 쓰다듬었다.

“어! 엄청 부드럽다.”

형은 고양이 머리를 살살 쓰다듬었다. 고양이도 싫지 않은지 가만히 있었다. 앙증맞은 꼬리가 살랑살랑 움직였다.

새로운 가족

"아빠! 우리도 고양이 키우면 안 돼요? 고양이 키우고 싶어요!"

형이 아빠를 졸랐다.

"우리가 고양이 엄마가 되어 줄래요."

나도 거들었다.

"그래요! 데려다 키워요. 우리 집엔 보시다시피 이미 고양이가 있고, 미용실에서 키울 수도 없고. 아무도 안 데려가면 보호소로 보내야 하는데…"

미용실 아주머니도 말을 보탰다.

"우리 예진이도 얼마나 잘 돌보는지 몰라요."

아빠는 생각에 잠겼다. 고양이와 우리를 번갈아 보았다.

"음, 고양이는 너희가 담당하는 거야. 잘 키울 수 있지?"

"네, 아빠! 고맙습니다! 이야, 신난다!"

아빠 허락이 떨어지기 무섭게 우리는 소리를 질렀다.

우리 가족은 고양이 용품을 사러 마트에 갔다. 예진이도 도와준다며 따라왔다.

"고양이를 키우려면 필요한 게 많아. 내가 알려 줄게."

예진이가 앞장서며 말했다.

"밥그릇과 물그릇, 사료, 이동장, 간식…."

우리는 고양이에게 필요한 물건들을 장바구니에 담았다.

나는 진열된 고양이 용품들을 자세히 보았다. 이해하기 어려운 글씨들이 쓰여 있었다.

'냄새제로 벤토나이트 모래, 고양이 사료, 스크래처, 숨숨집, 깃털 낚시대…'

무슨 말인지 도무지 알 수 없었다. 예진이가 내 얼굴을 힐끔 보더니 다가왔다.

"모래는 고양이가 화장실에서 배변할 때 필요하고, 스크래처는 스트레스를 풀 때 필요해."

고양이 용품에 대해서 설명하고는 가방에서 접착식 메모지를 꺼내 글씨를 썼다.

"야옹이 밥, 야옹이 물, 간식, 장난감, 집, 화장실…."

예진이가 메모지에 쓴 낱말을 읽어 주었다.

"선우야, 내가 쓴 메모지를 고양이 용품에 잘 붙여 놔. 그리고 글자가 어떻게 쓰여 있는지 자세히 봐."

고양이 사
WATER
MEO
MEOW
고양이 식품

냄새제로!
벤토나이트 모래
특허등록 모래로
불쾌한 냄새 없이!
고양이 전용
맨티슈

메모지를 건네는 예진이를 보며 아빠가 미소 지

었다.

고양이 코코

수업이 끝나자마자 형과 나는 집으로 곧장 왔다. 고양이가 사료와 물을 먹었는지 똥은 잘 쌌는지 살폈다. 고양이가 온 뒤로 형과 이야기하는 시간이 많아졌다. 물론 게임하는 시간은 줄었다.

"형아! 고양이가 꼬리를 빳빳하게 세우잖아. 이건 기분이 좋은 거래."

나는 고양이를 가리키며 말했다. 강아지는 경계할 때 꼬리를 바짝 세우는데, 고양이는 다르다는 것

을 알게 되었다.

"맞아, 꼬리를 몸 아래로 집어넣고 웅크리고
있으면 겁이 난 거래."

큰 소리로 말할 때마다 고양이가 움찔거리며 놀
라는 것을 보았는지, 형은 나를 부를 때 작은 목소
리로 불렀다. 고양이가 놀랄까 봐 그런 것 같다.

형과 소파에 앉아 있으면 고양이가 곁으로 다가
와 슬쩍 몸을 기댔다. 형은 조심스럽게 고양이의 머
리를 쓰다듬어 주었고, 고양이가 가만히 있으면 간

식을 주었다.

"야, 고양아! 기분이 좋냐?"

형이 작은 소리로 말하자, 고양이는 기분이 좋은지 턱을 들고 "가르릉, 가르릉" 소리를 냈다.

"형, 고양이한테 이름 지어 주자. 내 친구 강아지는 이름이 초코래."

"초코? 귀엽다. 우리는 뭘로 할까?"

형과 나는 고양이 이름을 무엇으로 지을지 생각했다.

"피자, 만두, 상추, 후추, 초코, 코코…."

형은 어제 먹은 간식과 학교 급식 반찬들을 나열하며 여러 가지 이름을 말했다. 마치 빙고 게임을 하듯 여러 단어를 술술 쏟아 냈다.

"형, 코코 좋아! 똑같은 글자니까 부르기도 쉽고, 읽기도 쉽고, 쓰기도 쉬울 것 같아."

나는 형이 말한 '코코'가 마음에 들었다. 형도 좋다고 해서 고양이 이름을 코코로 정했다.

"코코야!"

형이 고양이를 바라보며 이름을 불렀다. 소파에 엎드려 있던 고양이는 귀를 쫑긋하고 눈을 살며시 떴지만, 움직이지는 않았다. 이름에 전혀 관심이 없어 보였다. 우리가 고민해서 멋진 이름을 지어 줬는데도 말이다.

"형, 형이 말한 '코코'랑 '초코'랑 글자를 알 것 같아! 코끼리 할 때 코 맞지? 우리 학교 앞에 써 있는 초등학교 할 때 초 맞지?"

“응, 그렇단 말이지. 상~추, 후~추, 배~추도 비슷하다. 그치?”

고양이 이름을 생각하며 천천히 글자를 떠올리자, 그림 카드에 있던 글자가 생각나 신기했다. 형도 글자를 말하며 눈을 반짝거렸다.

놀이터에서

"선우야! 놀이터에 가자. 코코가 창밖만 보고 있
어."

"코코가 밖에 나가고 싶은 거지?"

나는 코코를 데리고 나가려고 이동장에 간식을 넣었다. 코코가 간식을 먹으러 쑥 들어가자, 얼른 문을 닫았다. 우리는 이동장을 들고 놀이터로 향했다.

놀이터에는 아이들이 철봉에 박쥐처럼 거꾸로 매달려 놀고 있었다. 우리는 모래성을 쌓는 아이들 사이에 자리 잡았다.

형은 놀이 기구들을 살펴보더니 나뭇가지를 집어 들었다. 그러고는 자신 있게 글자를 쓰면서 읽었다.

"그내, 사다리, 노리터, 우주선, 미끄너트…."

나는 내 이름이 들어간 '선' 자만 보였다.

그때 철봉에 매달려 있던 아이들이 하나둘 뛰어

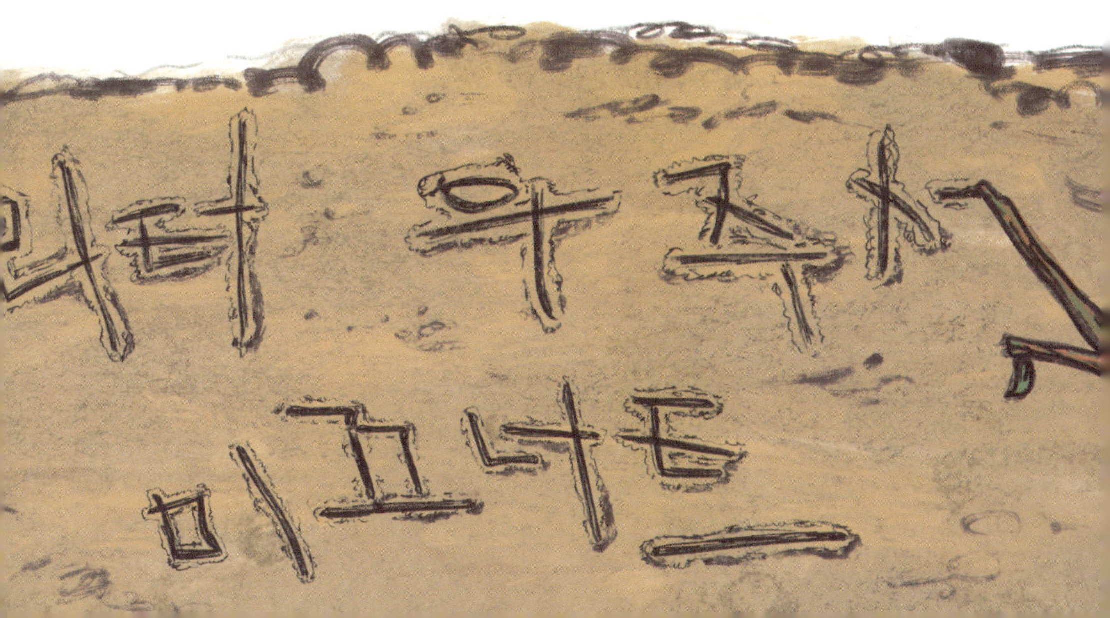

내려 형이 쓴 글자 주위로 몰려들었다.

"미끄너트? 그게 뭐야? 새로 나온 젤리 이름이야?"

질문이 쏟아지자 형은 사과처럼 얼굴이 빨개졌다.

"아, 아니… 그게… 그냥….''

형이 말끝을 흐리며 고개를 푹 숙였다. 아이들의
눈이 반짝이기 시작했다.

"와, 이거 비밀 암호지? 그치?"

한 아이의 물음에 형은 당황하다가 얼떨결에 고
개를 끄덕였다. 그러자 아이들은 마치 보물 지도라
도 발견한 듯 "미끄너트!"를 주문처럼 외치며 미끄
럼틀로 우르르 달려갔다.

그제야 형은 안심한 듯 활짝 웃었다. 우리는 다시
나란히 앉아 모래 바닥 위에 글씨를 쓰기 시작했다.

나도 형처럼 글자를 쓰고 싶어 주변을 둘러보았
다. 그때 집에서 코코의 화장실로 쓰던 '고양이 모
래' 봉투 속 글자가 떠올랐다. 나는 손가락을 갈고

리처럼 세워 모래 바닥에 꾹꾹 눌러 썼다.

"모. 래."

내가 쓴 글자가 진짜 모래와 이름이 똑같다는 사
실이 신기했다. 미끄럼틀에서 형이 쓴 이상한 암호
를 외치며 노는 아이들의 목소리가 들렸다.

작은 소동

학원이 끝났는지 아이들이 놀이터로 몰려왔다. 우리 반 범준이와 수영이도 보였다. 범준이가 이동장 안의 코코를 들여다보며 물었다.

"고양이는 목줄 안 해? 목줄이 없냐?"

"응, 고양이는 산책을 별로 안 좋아한대. 그래서 없어."

"우리 강아지 초코는 목줄 하고 매일매일 산책하는데."

범준이 말에 형은 잠시 고민하더니 갑자기 운동화 끈을 슥슥 풀기 시작했다. 그러더니 운동화 끈 끝에 사탕 껍질을 묶었다.

"야, 고양이도 목줄 할 수 있어!"

형은 사탕 껍질을 매단 운동화 끈을 이동장 틈새로 살살 밀어 넣었다. 코코는 반짝이 끈이 신기한지 앞발을 내밀어 툭툭 건드렸다. 범준이와 수영이가 신기한 듯 구경했다.

코코가 끈을 한참 노려보더니, 엉덩이를 실룩실룩 흔들었다. 그러고는 순식간에 앞발을 뻗어 끈을 낚아챘다.

"악! 내 운동화 끈!"

형이 깜짝 놀라 끈을 당겼지만, 코코는 끈을 꽉 물고 이동장 구석으로 쏙 들어가 버렸다. 안쪽에서 코코가 끈을 껴안고 뒷발로 '팡팡' 발길질을 해 댔다. 형은 운동화 끈을 빼앗긴 채 짝짝이 신발을 신고 쩔

쩔맸다. 이 모습을 보고 우리는 웃음을 터뜨렸다.

"우리 초코는 나처럼 아홉 살인데, 강아지 나이로 계산하면 할머니래."

범준이는 강아지 나이도 알고 있었다. 그러면서 엄마랑 운동하고 나서 목욕도 시키고 털도 깎아 준다고 했다. 강아지와 아기 때부터 같이 살았다고, 자기 동생이라고 자랑했다.

"나, 이제 집에 가서 학원 숙제해야 돼."

범준이는 초코 자랑만 잔뜩 늘어놓더니 집으로 갔다. 그네를 타며 놀던 진수와 수영이도 집으로 가 버렸다.

"형, 우리도 가자."

나는 형과 이동장을 챙겨 집으로 돌아왔다. 형은 코코의 식판에 사료와 물을 듬뿍 담아 주었다. 사료가 채워지는 소리에 코코는 눈동자가 커졌다. 기분이 좋은지 가르릉거렸다. 그러더니 형 다리에 꼬리를 감고 몸을 비벼 댔다.

"야~옹."

든든하게 배를 채운 코코가 잠시 머뭇거렸다.

"코코야, 화장실 가고 싶어?"

코코는 냄새를 맡더니 바닥을 긁었다. 형은 얼른 모래 상자 쪽으로 데려갔다. 코코를 살며시 안아 조심스럽게 모래 위에 올려놓았다. 코코가 모래 위에 오줌을 쌌다. 신기했다.

"코코야, 잘했어!"

형은 코코의 머리를 손가락으로 긁어 주며 칭찬했다.

보물찾기

다음 날, 나는 수업 끝나고 운동장에서 놀다가 집에 늦게 돌아왔다. 현관문을 열자 집 안 곳곳에 메모지가 붙어 있었다. 지난번에 예진이가 쓴 것처럼 아빠가 커다란 글씨로 알록달록한 접착 메모지에 써서 붙여 놓은 것이다. '밥'이라고 쓰인 밥그릇에는 'ㅂ'과 'ㅏ'와 'ㅂ'을, '물'이라고 쓰인 물통에는 'ㅁ'과 'ㅜ'와 'ㄹ'이 쓰여 있었다.

안방으로 가 보았다.

‘옷장, 침대, 거울, 텔레비전, 장난감⋯.’

형과 나는 보물찾기를 하는 것처럼 아빠가 써 놓은 글자들을 찾았다. 아직 다 읽을 수는 없었지만, 옷장에 붙은 것이 ‘옷장’인 것을 알 수 있었다. 점점 글자와 친해지는 기분이 들었다.

“코코야! 코코 어딨어?”

형이 코코를 불렀다. 방과 거실을 오가며 코코를 찾았다.

“책상 밑에도 없어.”

“뭐야? 소파도 긁어 놓고, 책상도 다 긁었잖아!”

형은 방 안을 둘러보았다.

“이제 보니, 코코는 말썽쟁이네!”

형은 중얼거리며 방을 구석구석 살폈다. 나도 형처럼 얼굴을 바닥에 대고 눈을 이리저리 굴리며 코코를 찾았다.

‘침대’라고 붙은 침대에는 노란 종이에 ‘ㅊ’과 ‘ㅣ’와

WaTER

‘ㅁ’이, 그 아랫줄에는 ‘ㄷ’과 ‘ㅐ’가 쓰여 있었다.

“형, 침대 밑에 있어!”

코코는 침대 구석에 앉아 혀로 털을 고르고 있었다.

“코코! 이리 나와, 말썽쟁이야!”

형은 반가운지 큰 소리로 코코를 불렀다.

“형, 그렇게 부르면 놀라잖아!”

형이 머쓱한 듯 머리를 긁적였다. 우리는 코코가 나올 때까지 조금 기다리기로 했다. 코코는 침대 밑에서 털만 계속 고르고 있었다.

“아! 어떡하냐?”

나도 모르게 한숨이 나왔다.

“장난감으로 놀아 줄까?”

형은 고양이 장난감인 깃털 낚싯대를 꺼냈다.

“코코야! 놀자. 이리 와.”

형이 코코를 부르며 깃털 낚싯대를 침대 밑으로 흔들었다. 침대 아래에 있던 코코가 눈치를 보며 천천히 기어 나왔다. 형이 낚싯대를 위로 들어 크게 흔들자, 코코가 깃털을 잡으려고 펄쩍펄쩍 뛰었다.

"형, 코코가 재미있나 봐."

"좋았어. 코코야, 점프!"

형은 깃털 낚싯대를 흔들었고, 코코도 깃털을 따라 신나게 뛰었다. 형과 나는 번갈아 가며 코코와 놀아 주었다. 이상하게 코끝이 간질간질했다.

위험해

"형, 우리 땀도 흘렸는데, 코코 목욕 시키자."

"에이, 귀찮은데. 그래! 발톱도 길던데 잘라 주자."

나는 코코를 안고 욕실로 들어갔다. 땀을 많이 흘려서 씻겨 주면 좋을 것 같았다. 형이 대야에 따뜻한 물을 받고, 나는 목욕 의자에 앉아 두 팔로 코코를 안았다. 코코가 조심스럽게 앞발을 내밀었다. 형이 샴푸를 짜서 손에 비비자 거품이 보글보글 생겼다. 코코의 앞발에 거품을 살살 묻혔다.

"발바닥이 말랑말랑해. 야, 만져 봐. 진짜 보드라
워."

"정말이네. 형, 예전에 엄마가 안아 주었을 때처럼
포근한 느낌이야."

코코의 발바닥을 거품으로 문지르는데 왠지 단
단하게 잠겨 있던 자물쇠가 스르르 풀리는 것 같았
다. 코코의 몸에 묻은 거품을 물로 천천히 씻어 냈
다. 물이 털을 타고 흘러내렸다. 나는 스펀지로 물
기를 닦았다. 형이 코코의 발톱을 만져 보더니, 가
위를 들었다.

"발톱이 단단해서 잘못하면 다칠 것 같아."

형이 가위를 내려놓고 코코를 안으려 했다. 내가
자세를 고쳐 형에게 코코를 건네려는 순간, 코코가
펄쩍 뛰었다.

"어, 코, 코코야!"

손을 쓸 틈도 없이 코코를 놓치고 말았다.

"앗!"

"어! 야, 코코, 이리 와. 왜 그래?"

형이 코코를 잡으려고 재빨리 손을 뻗었다. 코코는 앞발로 형의 손등을 할퀴고 욕실 밖으로 뛰쳐나갔다.

큰일이 벌어졌다. 코코가 열려 있는 현관문으로 나가 버린 것이다.

"코코야! 코코야!"

나는 큰 소리로 부르며 코코를 뒤쫓았다. 코코는 보이지 않았다.

"코코야! 코코야! 어딨니?"

형도 코코를 부르며 밖으로 뛰어나왔다.

“형! 코코가 안 보여!”

나는 주차장으로 가 보았다. 자동차 사이사이와 바퀴 쪽도 살폈다.

“선우야, 너는 화단을 다시 살펴봐. 나는 아파트 뒤쪽으로 가 볼게.”

얼굴이 빨개진 형이 아파트 산책로로 달려갔다.

‘산책로 옆은 찻길인데…….’

화단을 살피면서 너무 걱정되고 불안했다. 도로는 차들이 씽씽 달리고 있어 무척 위험했다.

코코를 찾아

우리는 아파트를 벗어나 동네 곳곳을 찾아다녔
다. 하지만 코코는 보이지 않았다.

'코코가 다치면 어쩌지, 차에 치여 죽으면 어쩌지.'

나는 불안한 마음으로 사방을 두리번거렸다. 눈

물이 핑 돌았다. 코코가 다쳤을 거라 생각만 해도
아찔했다. 나는 손등으로 눈물을 닦으며 형을 쳐다
봤다. 형은 나보다 더 빨개진 얼굴로 주변을 살피고
있었다.

"선우야! 저기 코코랑 비슷한 고양이가 공원으로
간다!"

형이 눈을 반짝이며 공원 쪽으로 달렸다. 나도 형
을 따라 뛰었다. 하지만 고양이는 쏜살같이 사라져
버렸다. 주위를 둘러보니, 우리가 사는 아파트를 많
이 벗어나 있었다.

우리는 공원 주변을 돌며 코코를 찾았다. 정자 밑
에 있는지 보려고 쪼그려 앉아 눈을 동그랗게 뜨고

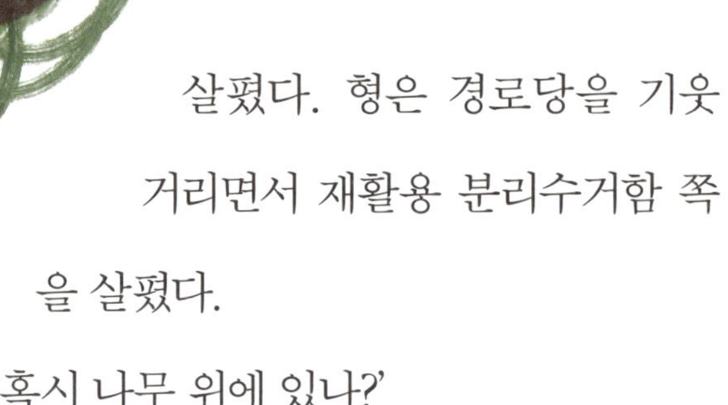

살폈다. 형은 경로당을 기웃
거리면서 재활용 분리수거함 쪽
을 살폈다.

'혹시 나무 위에 있나?'

나는 고개를 들어서 위를 쳐다보았다. 빽빽한 나
뭇잎 때문에 잘 보이지 않았다. 우리가 허둥거리고
있는데 할머니 한 분이 경로당에서 나왔다.

"무얼 찾니?"

"고양이요."

형과 내가 동시에 대답했다.

"고양이라…."

할머니는 우리 이야기를 듣더니, 동네에서 길고양이에게 밥을 준다는 아주머니라면 고양이 찾는 방법을 알려 줄 수 있을 거라 했다.

"마침 저기 오는구나."

할머니가 물통을 들고 걸어오는 아주머니를 가리켰다.

"여기 좀 봐요!"

할머니가 손짓하며 아주머니를 불렀다.

"할머니, 안녕하세요? 오늘은 날씨가 덥네요."

할머니가 고개를 끄덕이며 형과 나를 가리켰다.

"얘들이 잃어버린 고양이를 찾고 있다는구먼."

"그래요? 어쩌다 잃어버렸니? 많이 놀랐겠구나!"

아주머니가 우리를 다독이며 차근차근 설명해주었다.

"고양이들은 멀리 가지 않아. 대부분은 집 주변에 있단다."

아주머니는 우리를 보며 미소 지었다. 나는 아주머니 말을 듣고 조금 마음이 놓였다.

"집이 어디니?"

"푸른 아파트인데요."

"그래. 멀리까지 왔구나."

아주머니가 부모님 연락처를 물어봤다. 어른들이 도와야 고양이를 바로 찾을 수 있다고 했다. 형은 아빠 연락처를 알려 주었다.

전단지를 만들다

아주머니가 아빠에게 전화했다.

"고양이는 집 주변에서 멀리 가지 않아요. 분명 근처에 있을 거예요. 그러니 주변을 다시 한번 찾아보세요."

아주머니는 아빠에게 고양이를 찾는 데 필요한 것을 몇 가지 알려 주었다.

"얘들아! 아빠한테 잘 이야기했으니 그만 집으로 돌아가렴."

“감사합니다.”

형과 나는 아주머니에게 인사하고 곧장 집으로 출발했다. 혹시 코코가 거리를 헤맬지도 몰라 주변을 살피며 걸었지만, 그림자도 보이지 않았다.

아빠는 일이 끝나자마자 집으로 왔다. 옷을 갈아입고는 코코의 배변 모래를 비닐봉지에 담았다.

“선우, 재우는 집에 있어라. 아빠는 이걸 근처에 좀 뿌리고 와야겠다. 고양이는 영역을 표시하는 동물이라 냄새를 맡고 다시 찾아온다고 하더라.”

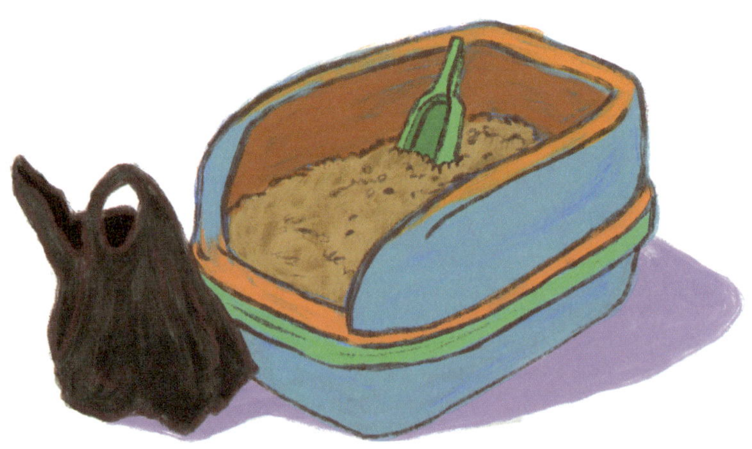

아빠는 비닐봉지를 들고 밖으로 나갔다. 창문으로 내다보니 아빠가 집 앞 화단 나무 사이에 배변 모래를 조금씩 뿌리며 옆 동으로 가고 있었다. 한참 후 아빠는 빈 봉지만 들고 집으로 돌아왔다.

"고양이가 집을 나가면, 빨리 찾아야 해. 전단지를 만들면 어떨까?"

"전단지요?"

형과 나는 서로 얼굴을 마주 보았다. 형은 몹시 난처한 표정을 지었다.

"빨리 전단지를 만들자. 사람들이 전단지를 보고 연락하게."

나는 가슴이 쿵쾅거렸다. 받아쓰기도 어려운데, 전단지를 어떻게 만들어야 할지 걱정되었다.

'더 열심히 한글 공부할걸.'

나는 몹시 후회스러웠다.

"아빠, 저… 저는 글자 잘 몰라요."

나는 기어들어 가는 소리로 아빠에게 말했다. 형도 얼굴이 빨개지며 고개를 숙였다.

"저도 글자 쓰는 건 조금 어려워요."

형은 난처한 표정으로 아빠에게 말했다.

아빠는 우리를 물끄러미 바라보며 한동안 생각에 잠겼다. 우리는 아빠의 시선을 피하며 고양이 이동 장만 바라보았다.

"걱정하지 마, 아빠가 도와줄게."

“정말요?”

형과 내가 동시에 소리쳤다.

“컴퓨터 말고 너희 스스로 전단지를 만들어 보면 어떨까? 아빠가 참고할 수 있는 전단지를 보여 줄게.”

아빠는 스마트폰에서 고양이 찾는 전단지를 검색했다. 그중 하나를 골라 우리에게 보여 주었다. 고양이의 이름과 생김새를 설명하는 전단지였다.

“아빠가 모르는 글자는 알려 줄 테니, 아는 글자와 그림을 그려서 전단지를 만들어 보자.”

“네, 아빠!”

나는 형과 함께 코코를 찾는 전단지를 만들기 시작했다.

13

할 수 있어

우리는 스케치북을 쫙 펼치고, 색연필과 필통도 꺼냈다.

"아빠가 선을 그려 줄게!"

아빠는 글씨를 쓸 곳과 색깔을 칠할 곳을 나누어 주었다.

"아빠, '제보'가 무슨 뜻이에요?"

형은 모르는 단어가 나올 때마다 아빠에게 물었다. 아빠는 곁에서 다정하게, 자세히 설명해 주었

다. 예전의 아빠로 돌아온 것 같아서 행복했다.

형은 정성을 들여 천천히 써 내려갔다.

"특징?"

형은 글자를 쓰다 말고 아빠를 바라보았다. 무슨
뜻인지 궁금한 눈치였다.

"코코가 다른 고양이와 달리 특별히 눈에 띄는 점
을 말하는 거야."

아빠는 형이 궁금해하면 바로바로 알려 주었다.

형은 눈으로는 글자를 뚫어지게 보며, 입으로는 소리 내어 읽었다. 글씨는 크게 써지기도 하고, 작게 써지기도 했다. 형은 집중해서 글씨를 꾹꾹 눌러 썼다.

'쉽게 하는 방법은 없을까?'

나는 이 많은 전단지를 언제 쓸지 걱정되었다.

"아빠! 한 장만 쓰고 나머지는 복사하면 안 돼요? 일일이 쓰는 게 너무 힘들어요."

"그건 아빠도 다 알지. 우리가 정성을 들여야 코코가 빨리 돌아올 거야! 우리 힘내서 해 보자."

아빠는 전단지를 복사해도 되지만, 우리 마음을 담아 직접 만들자고 했다. 형은 삐뚤빼뚤 글씨를 쓰고, 나는 색칠을 했다.

'아, 탕탕 특공대 할 때의 '특'이구나.'

나는 게임할 때 보던 '특공대'의 '특' 글자를 떠올렸다. 글자를 자꾸 보니 아빠가 읽어 주는 것이 이해되기 시작했다.

　전단지를 여러 장 만들면서 형은 자신 있게 큰 소
리로 글자를 또박또박 읽었다. 나도 색칠하면서 글
자를 띄엄띄엄 읽었다. 전단지를 만드느라 손도 아
프고 힘들었지만 뿌듯했다.

고양이를 찾습니다!

등 검정색 배 흰색 발 흰색

다가가면 사라질수 있으니
꼭 거리를두고
사진 혹은 영상으로 찍어서
제보 부탁드립니다.

이름 : 코코
날짜 : 9월 12일 오후 2~3시 사이
장소 : 푸른아파트 101동 (열린문으로 나감)
특징 : 코와 입주변은 흰색

010 - 0000 - 1111

고양이를 찾으면 반드시 회수 하겠습니다.
코코를 찾을 동안만이라도 데리지 말아주세요.
부탁드립니다.

코코의 선물

다음 날, 나는 일찍 일어나서 형과 함께 아파트 게시판에 전단지를 붙였다. 길고양이들이 자주 다닌다고 아빠가 알려 준 곳에도 붙였다. 전단지를 다 붙이고 우리 집 쪽으로 걸어오면서 주변을 살폈다.

그때 화단에서 고양이 한 마리가 움직이는 게 보였다. 자세히 보니 앞발은 흰색이고 등은 검은색인 작은 고양이였다.

코코였다! 나는 너무 반가워서 소리치고 싶었지

만, 코코를 놓칠까 봐 작은 목소리로 말했다.

"형! 형! 저기 코코가 있어."

형이 재빨리 아빠에게 전화했다.

아빠는 우리에게 움직이지 말라고 당부하며 곧바로 이동장을 가져왔다. 코코가 화단 근처에 있어서 다행이었다.

아빠는 이동장을 화단 옆에 가만히 두고 멀리 떨어져서 지켜보았다.

'코코야, 빨리 들어가. 제발.'

코코는 우리 마음을 모르는지 한참을 앉아만 있었다. 그러다 슬그머니 일어나더니 이동장 안으로 천천히 들어갔다.

"와! 들어갔다!"

우리는 기뻐서 소리를 질렀다. 형과 나는 이동장 앞으로 단숨에 달려갔다. 아빠도 얼굴에 웃음이 가득했다.

"와, 아빠. 코코를 찾았어요."

"그래. 찾았구나! 우리 선우, 재우 잘했다. 그런데 코코는 벌 좀 받아야겠다."

아빠는 집을 나간 벌로 코코를 목욕시키기로 했다. 우리는 코코를 데리고 욕실로 들어갔다. 솜에 비누 거품을 문지르자 보글보글 거품이 일어났다. 거품을 털에 바르고 문지르며 씻겨 주었다. 아빠가 코코를 잡고 있어서 깨끗하게 씻길 수 있었다.

"자, 다음은 누가 씻을까?"

BUBB

나는 형과 같이 욕조에 들어갔다. 물이 욕조 안에 가득 찼다. 나는 물놀이도 하고 거품도 만들었다. 비눗방울을 만들어 "후~후" 불며 형과 장난을 했다. 형도 거품을 머리에 발라 뿔도 만들고 도깨비도 만들었다. 거품 놀이 하나로 우리는 큰 소리로 웃으며 즐겁게 목욕을 했다. 그때 '손 세정제'라는 글씨가 보였다.

"아빠, 저기 통에 있는 글씨 읽을 수 있어요."

"응, 그래? 어디 한 번 읽어 봐."

"먹~지 마세요!"

내가 천천히 글씨를 읽었다. 드디어 받침도 읽을 수 있었다.

"저건, 버블~ 핸~드워시."

형도 눈을 크게 뜨고 읽었다. 글자를 읽고 뿌듯한 표정을 지었다. 나도 형에게 지지 않으려고 글자를 자세히 보고 읽었다.

“이제 글자를 읽을 수 있어요!”

“정말? 이야, 코코가 아주 멋진 선물을 했구나!”

글자를 읽을 수 있게 된 것이 코코의 선물인 것 같았다. 아빠가 형과 나를 바라보면서 빙그레 웃었다. 늘 텅 빈 것처럼 조용하던 집이 시끌시끌 가득 찬 것 같았다.